BEI GRIN MACHT SICH IHR WISSEN BEZAHLT

Bibliografische Information der Deutschen Nationalbibliothek:

Die Deutsche Bibliothek verzeichnet diese Publikation in der Deutschen National-
bibliografie; detaillierte bibliografische Daten sind im Internet über http://dnb.d-
nb.de/ abrufbar.

Impressum:

Copyright © 2012 GRIN Verlag, Open Publishing GmbH
Druck und Bindung: Books on Demand GmbH, Norderstedt Germany
ISBN: 9783656340454

Dieses Buch bei GRIN:

http://www.grin.com/de/e-book/203738/zeichenpapier-falten-nach-din-unterwei-
sung-werkzeugmechaniker-in

Bela Megyesi

Zeichenpapier falten nach DIN (Unterweisung Werkzeug-mechaniker / -in)

GRIN Verlag

GRIN - Your knowledge has value

Der GRIN Verlag publiziert seit 1998 wissenschaftliche Arbeiten von Studenten, Hochschullehrern und anderen Akademikern als eBook und gedrucktes Buch. Die Verlagswebsite www.grin.com ist die ideale Plattform zur Veröffentlichung von Hausarbeiten, Abschlussarbeiten, wissenschaftlichen Aufsätzen, Dissertationen und Fachbüchern.

Besuchen Sie uns im Internet:

http://www.grin.com/

http://www.facebook.com/grincom

http://www.twitter.com/grin_com

Unterweisungsentwurf

zum praktischen Prüfungsteil der Ausbildungseignungsprüfung vor der Industrie-
und Handelskammer Schwarzwald-Baar-Heuberg in Villingen- Schwenningen

Thema

Falten von DIN A3 Zeichnung auf DIN A4 Format

Prüfung am: 13.07.2012

Unterweisung für Werkzeugmechaniker Fachrichtung Spritzgusstechnik im 1.
Ausbildungsjahr

Inhaltsverzeichnis

8. Durchführung der Unterweisung
- Auswahl der Unterweisungsmethode
- Ausbildungsmittel / Medien

9. Unterweisungsverlauf
- Vorbereitung
- Vormachen
- Nachmachen
- Üben / Lernzielkontrolle

10. Lernzielkontrolle

11. Ausbildungsnachweis

1. Rahmenbedingungen

1.1 Das Ausbildungsunternehmen
Der Ausbildungsbetrieb mit ca. 25 Mitarbeiter/-innen stellt Serienteile her, die in der Automobilindustrie Ihre Anwendung finden. Das Unternehmen bildet derzeit 1 Auszubildenden aus im Bereich Werkzeugmechaniker Fachrichtung Spritzgusstechnik.

1.2 Der Auszubildende
Ein Auszubildender zum Werkzeugmechaniker Fachrichtung Spritzgusstechnik im 1. Ausbildungsjahr.

1.3. Richtlinienbezug
Das Thema der Unterweisung Falten von DIN A2 Zeichnungen auf DIN A4 Format wurde Aufgrund der Ausbildungsverordnung über die Berufsausbildung zum Werkzeugmechaniker Fachrichtung Spritzgusstechnik § 18 Abs. 1 Nr.5 Ausbildungsrahmenplan Lfd. Nr. 5 Betriebliche und technische Kommunikation ausgewählt.

2. Ausgangssituation

2.1 Unterweisungen

Vorausgegangene Unterweisung:
Der Auszubildende hat folgende vorausgegangene Unterweisung erhalten: technische Zeichnungen von DIN A3 auf DIN A4 Format falten.

Heutige Unterweisung:
Der Ausbilder wird anhand der 4-Stufen-Methode den Auszubildenden in der richtigen Handhabung (Falten von DIN A2 Zeichnungen) und dem Umgang mit technischen Zeichnungen unter Beachtung von sicherheitsrelevanten Aspekten unterweisen.

Nachfolgende Unterweisung:
In der nachfolgenden Unterweisung handelt es sich um Daten und Dokumente unter Berücksichtigung des Datenschutzes pflegen, sichern und archivieren.

2.2 Lernort
Die Unterweisung findet im Schulungsraum statt, da dort das benötigte Arbeitsmaterial vorhanden ist. Zudem werden hier keinerlei Störungen erwartet und die Unterweisung kann in Ruhe durchgeführt werden.

2.3 Dauer der Unterweisung
Die Unterweisungsdauer beträgt 20 Minuten.

2.4 Sozialform
Einzelunterweisung

3. Lernziele der Unterweisung

3.1 Richtlernziel
Das Richtlernziel ist die Vermittlung von Fertigkeiten und Kenntnissen in der
betrieblichen und technischen Kommunikation.

3.2 Groblernziel
Der Auszubildende soll Dokumente sowie technische Unterlagen und berufsbezogene
Vorschriften zusammenstellen, ergänzen, auswerten und anwenden können.

3.3 Feinlernziele

kognitiver Bereich
Der Auszubildende bekommt den umfassenden Einblick im Umgang mit technischen
Zeichnungen und wie man sie zusammenstellt und archiviert. Der Auszubildende
erhält die Kenntnisse über die einzelnen Arbeitsschritte zum normgerechten Falten
der Zeichnungen auf DIN A4 Format.

affektiver Bereich
Der Auszubildende wird sich der Bedeutung seiner Aufgabe bewusst, um diese mit
sehr viel Sorgfalt und Sauberkeit durchzuführen. Die Einstellung zum sorgfältigen
und gründlichen Arbeiten wird dadurch sensibilisiert und gestärkt.
Der Leitsatz Ordnung und Sauberkeit am Arbeitsplatz ist eine wichtige
Voraussetzung für verantwortungsvolles Bewusstsein.

psychomotorischer Bereich
Der Auszubildende erlernt die Fertigkeiten über das normgerechte Falten der
Zeichnungen auf DIN A4 Format. Er eignet sich eine routinierte Arbeitsweise und
den Umgang mit den erforderlichen Arbeitsmittel an um diese fachgerecht
anzuwenden.

4. Unterweisungsinhalte

4.1 Auszug aus dem Ausbildungsrahmenplan

Berufsbild position	Teil des Ausbildungsberufsbildes	Kernqualifikationen, die unter Einbeziehung selbständigen Planens, Durchführens und Kontrollierens integriert mit berufsspezifischen Fachqualifikationen zu vermitteln sind
1	2	3
5	Betriebliche und technische Kommunikation (§ 18 Abs. 1 Nr. 5)	a) Informationsquellen auswählen, Informationen beschaffen und bewerten b) technische Zeichnungen und Stücklisten auswerten und anwenden sowie Skizzen anfertigen **c) Dokumente sowie technische Unterlagen und berufsbezogene Vorschriften zusammenstellen, ergänzen, auswerten und anwenden** d) Daten und Dokumente unter Berücksichtigung des Datenschutzes pflegen, sichern und archivieren e) Gespräche mit Kunden, Vorgesetzten und im Team situationsgerecht und zielorientiert führen, kulturelle Identitäten berücksichtigen f) Sachverhalte darstellen, Protokolle anfertigen; englische Fachbegriffe in der Kommunikation anwenden g) Informationen auch aus englischsprachigen, technischen Unterlagen oder Dateien entnehmen und verwenden h) Besprechungen organisieren und moderieren, Ergebnisse dokumentieren und präsentieren i) Konflikte im Team lösen

4.2 Stoffsammlung
Anwendung der Kenntnisse und Fertigkeiten, Werkzeug und Material

5. Motivation

Technische Zeichnungen finden in der ganzen produzierenden Fertigung Ihren Einsatz. Es sind sehr viele Informationen darauf zu finden und sie sind ein wichtiges Dokument auch als Beweis für die Richtigkeit bestimmter Teile, Baugruppen die hergestellt werden. Daher ist es auch umso wichtiger, das mit diesen Dokumenten gewissenhaft und ordnungsgemäß umgegangen wird. Die Verantwortung darüber ist eine sehr Hohe und wird sehr geschätzt in unserem Unternehmen.

6. Pädagogische Prinzipien

6.1 Aktivität des Auszubildenden
Die Aktivität des Auszubildenden wird durch die Methode der Unterweisung gefördert. Der Auszubildende wird aktiv in die Vorgänge eingebunden.

6.2 Anschaulichkeit
Der Vorgang ist durch den Einsatz von Medien gut zu erfassen. Alle Vorgänge sollen gut sichtbar sein.

6.3 Praxisnähe
Die Praxisnähe wird durch die Durchführung einer Ist-Situation realitätsnah erreicht.

6.4 Jugendgemäßheit
einfache, klare Sätze, die Erklärung von Fachbegriffen und der Verzicht auf unnötige Fremdwörter sorgen für eine jugendgerechte Unterweisung.

6.5 Sachliche Richtigkeit
Die Inhalte folgen den Vorgaben der Norm DIN 824

6.6 Erfolgssicherung
Die Sicherung des Erfolges wird durch selbstständiges Üben der erlernten Kenntnisse gefestigt. Der Ausbilder überwacht und greift eventuell ein wenn notwendig bzw. im Notfall.

7. Sicherheitsvorkehrungen

Bei Arbeiten mit Papier sollte man vorsichtig umgehen, damit durch scharfe Kanten keine Schnittgefahr entsteht. Sorgfältiges Umgehen mit Lineal und spitzen Bleistiften

8. Durchführung der Unterweisung

8.1 Auswahl der Unterweisungsmethode
Es handelt sich um eine praktische Abfolge von bestimmten Arbeitsgängen;
Erklären – Vormachen – Nachmachen – Üben/Kontrolle
Aufgrund dieser Abfolge wird die 4-Stufen-Methode angewendet.

8.2 Ausbildungsmittel / Medien
Arbeitswerkzeug; Lineal, Bleistift, Locher, Kontrollmuster
Arbeitsmaterial; Zeichenpapier DIN A2, Ordner, Ausdruck über die Arbeitsschritte

9. Unterweisungsverlauf

9.1 Vorbereitung (ca. 5 min)   **" Verweis auf 6.2 – 6.4 - 6.5 "**
- Begrüßung
- Vorstellung
- Thema
- Ziel der Unterweisung

9.2 Vormachen (ca. 5 min)   **" Verweis auf 6.1 – 6.2 – 6.3 - 6.4 - 6.5"**
-DIN A2 Zeichenblatt nehmen und die einzelnen Arbeitsschritte aufzeigen:

erste Falte: Linken Streifen (120 mm breit) nach rechts einschlagen.
zweite Falte: Dreieck in 297 mm Höhe bei 105 mm Breite nach links umlegen
dritte Falte: rechten Streifen (192mm breit) nach rückwärts einschlagen
vierte Falte: Faltpaket in 297mm Höhe nach rückwärts einschlagen

- Gefaltete Zeichnung Lochen und im Ordner ablegen

9.3 Nachmachen (ca. 5 min)   **"Verweis auf 6.1 – 6.3 - 6.4 - 6.5"**
Der Auszubildende führt die vorgemachten Arbeitsschritte selbständig aus. Dabei
erläutert er gleichzeitig seine ausführende Tätigkeit, um mögliche Fehler selbst zu
erkennen.

9.4 Üben/Lernzielkontrolle (ca. 5 min)   **" Verweis auf 6.1 – 6.3 – 6.5 – 6.6 "**
Der Auszubildende bekommt zur Übung weitere Zeichnungspapiere um die neu
erlernten Fachkenntnisse sicher zu Festigen.

10.Lernzielkontrolle

Die Lernzielkontrolle erfolgt bereits zum Teil durch die 4-Stufen-Methode, indem der Auszubildende das erlernte eigenständig nachmacht und bei eventuellen Fehlern selbst korrigieren kann oder auch der Ausbilder im Notfall. Damit aber die Sicherheit zu richtigen Kontrolle besteht, bekommt der Auszubildende ein Musterbogen um seine Übungen damit zu vergleichen und sich selbst eine Beurteilung zu machen.

11. Ausbildungsnachweis

Der Auszubildende wird aufgefordert, dass die Unterweisung im Ausbildungsnachweis einzutragen ist. Da der Ausbildungsnachweis ein wichtiger Bestandteil der Ausbildung ist, kann hier geprüft werden, welchen Ausbildungsstand der Auszubildende hat. Es kann auch herausgenommen werden, ob die Fertigkeiten und Kenntnisse nach Ausbildungsrahmenplan dementsprechend vermittelt wurden.

BEI GRIN MACHT SICH IHR
WISSEN BEZAHLT

- Wir veröffentlichen Ihre Hausarbeit,
  Bachelor- und Masterarbeit

- Ihr eigenes eBook und Buch -
  weltweit in allen wichtigen Shops

- Verdienen Sie an jedem Verkauf

Jetzt bei www.GRIN.com hochladen
und kostenlos publizieren